PONS Klett

auf einen Blick

Mein erster Wortschatz Deutsch

nur € 5,–

In der Stadt

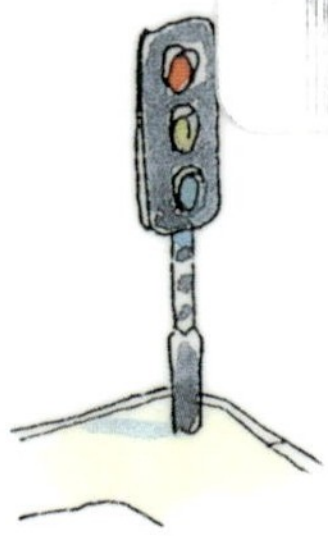
die Ampel

das Auto

das Boot

der Bus

die Bushaltestelle

das Flugzeug

die Garage

der Garten

das Geschäft

das Haus

die Kirche

das Krankenhaus

das Motorrad

die Schule

die Stadt

die Straße

der Supermarkt

das Taxi

die Telefonzelle

der Tee

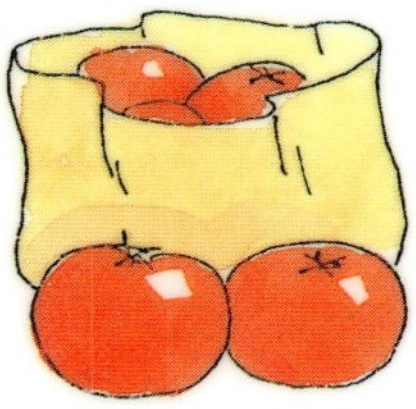
die Tomaten

die Trauben

die Würstchen

die Zwiebel

Spielzeug und Hobbys

angeln

der Ball

die Ballons

das Buch

die CD

der Computer

die Eisenbahn

fernsehen

das Flugzeug

Fußball spielen

die Geige

Gitarre spielen

im Garten arbeiten

die Inliner

Inliner fahren

joggen

kochen

lesen

die Muscheln

die Puppe

Rad fahren

das Saxophon

segeln

spielen

das Spielzeug

Sport treiben

der Teddy

Tennis spielen

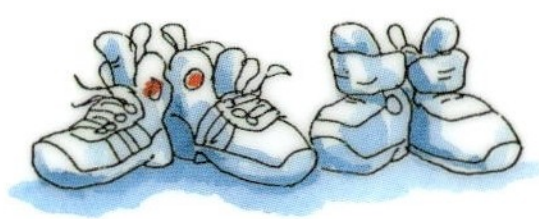
die Turnschuhe

wandern

Farben

beige

blau

braun

gelb

gold

grau

grün

lila

malen

orange

rosa

rot

schwarz

silber

weiß

Tiere

der Affe

der Bär

die Eichhörnchen

der Elefant

die Enten

der Frosch

der Hamster

die Hühner

der Hund

das Kaninchen

die Katze

das Krokodil

die Kuh

die Küken

der Löwe

die Mäuse

das Meerschweinchen

das Nilpferd

der Papagei

das Pferd

die Schafe

das Schwein

der Vogel

die Wellensittiche

das Zebra

Essen und Trinken

der Apfel

die Banane

das Sandwich

die Birne

das Brot

das Brötchen

die Cornflakes

die Erbsen

die Erdbeeren

die grüne Paprikaschote

die Gurke

das Hühnchen

der Joghurt

die Karotten

die Kartoffeln

der Kuchen

die Milch

das Mineralwasser

die Orange

die Pflaumen

die Pommes frites

der Salat

die Schokolade

die Spaghetti

die Suppe

Rund ums Jahr

die Berge

die Blätter

die Blumen

der Drachen

der Frühling

die Geburtstagstorte

heiß

der Herbst

der Kalender

kalt

der Koffer

der Kürbis

das Nest

die Ostereier

der Osterhase

der Regen

die Sandburg

der Schneemann

der Sommer

die Sonne

die Sonnenblume

der Wind

der Winter

Mein erster Wortschatz Deutsch auf einen Blick

Illustrationen von Neil Pinchbeck

Internet: www.pons.de
E-Mail: info@pons.de
Redaktion: Astrid Proctor
Layout / Satz:
belugadesign, Stuttgart
Druck: Achilles, Celle
ISBN 3-12-560684-5
9 783125 606845